AF509839

DE PAR LE ROY,

M. LE PROCUREUR GENERAL,

GARDE DE LA PREVÔSTÉ DE PARIS LE SIEGE VACANT,

ET M. LE LIEUTENANT GENERAL
DE POLICE,

SENTENCES

RENDUES au profit des Sieurs Maîtres & Gardes du Corps des Marchands de Vins, Intervenans & prenans le fait & cause du sieur LONGUET Marchand de Vins.

CONTRE *le nommé* MONTMARQUET *dit* MONBARQUÉ *& sa femme, se disant Déchargeurs de Vins.*

QUI font défenses à ladite femme Montmarquet d'injurier, méfaire, ni médire audit Longuet, ni aux Maîtres & Gardes ; tenue de les reconnoître pour gens de bien & d'honneur, & non tachés des injures proférées contr'eux, & de leur en donner Acte au Greffe, sinon que la Sentence vaudra Acte ; & pour les insultes proférées par la femme Monmarquet, la condamne solidairement avec son mari envers les susnommés, en 100 livres de dommages & intérêts.

ORDONNE l'exécution de l'Arrêt du 17 Août 1672, qui condamne plusieurs particuliers, se disant Déchargeurs de Vins, à faire amende honorable ; les a amendé & aumôné pour avoir été au devant des Voitures de Vins, s'être emparés des Lettres de Voitures, avoir exigé des droits, & s'être immiscé au payement des Droits d'Entrées.

ORDONNE pareillement l'exécution de l'Arrêt du 2 Juin 1673,

A

rendu sur le Réquisitoire de M. le Procureur Général, qui fait
défenses à toutes personnes sans exception, d'aller au devant des
Charrettes chargées de Vins, & de contraindre les Marchands ou
Chartiers qui les conduisent, de se servir d'eux pour les décharger,
à peine du fouet, & de 100 livres d'amende, pour la premiere
contravention, & de plus grande, en cas de récidive.

DE l'Art. 4 du Titre 5 de l'Ordonnance des Aydes du mois de Juin
1680, qui fait défense à toutes personnes de s'ingérer dans la qualité
de Déchargeurs de Vins, d'aller au devant des Voituriers qui les
conduisent, retirer leurs Lettres de Voitures, se charger de faire
leurs déclarations aux Entrées, ni même d'entrer dans les Bureaux
pour cet effet, à peine du fouet, bannissement, & de 100 livres
d'amende pour la premiere fois, & des Galeres pour trois ans, en
cas de récidive.

ET de la Sentence du 20 Decembre 1709, qui fait défenses aux
Rouliers, Voituriers & Chartiers, qui conduisent des Vins en cette
Ville de Paris, de percer les Tonneaux & Piéces qui les contiennent,
soit dans la route, soit dans les Hôtelleries ou ailleurs, d'en boire
& d'en donner à boire, à peine de 500 livres d'amende & de punition corporelle, enjoint aux Rouliers, Voituriers & Chartiers de
conduire leurs Voitures eux-mêmes jusqu'aux Maisons & Caves des
Marchands de Vins pour qui ils sont destinés; leur défend expressé-
ment d'en remettre la conduite à d'autres, sur les mêmes peines.

FAIT défense à toutes personnes qui se qualifient Déchargeurs de
Vins & à tous autres de s'attrouper aux environs des Barrieres
de cette Ville ou dans les Hôtelleries des Bourgs & Villages circon-
voisins, pour arrêter les Voitures, percer les Vins, & s'entremettre
de les conduire dans les Maisons des Marchands, à peine de punition
corporelle & de semblable amende, & permet d'emprisonner les
Contrevenans.

LESQUELLES Sentences ci-après font aussi défenses audit Monmarquet & à sa femme, & à tous autres particuliers, se disant
Déchargeurs de Vins, de s'attrouper aux Barrieres, d'aller au devant
des Vins, ni de percer les Tonneaux, sous les peines portées par
lesdits Réglemens.

ET pour la contravention commise à cet égard par la femme Monmarquet, la condamne solidairement avec son mari, en 20 livres
d'amende, applicable aux pauvres Marchands dudit Corps, & en
tous les dépens.

Des 3 & 24 Mai 1754.

A TOUS CEUX QUI CES PRESENTES LETTRES
VERRONT, GUILLAUME-FRANÇOIS-LOUIS
JOLY DE FLEURY Chevalier, Conseiller ordinaire
du Roi en son Conseil d'Etat, son Procureur Général, Garde
de la Prévôté & Vicomté de Paris, le siége vacant, SALUT:

Sçavoir faisons, que sur la Requête faite en Jugement devant
nous à l'Audience de la Chambre de Police du Châtelet de
Paris, par Me Regnard, Procureur du sieur Jean Longuet Marchand de Vins à Paris, plaignant, Demandeurs aux fins de l'Assi-
gnation du 10 Décembre 1751 faite par Giroult l'aîné, Huissier
à Cheval, controllée le 13 par Pithon, présentée le 18 Février
suivant par Bidault l'aîné, tendant à ce qu'en procédant sur le
renvoi à l'Audience, porté par notre Sentence du 27 Novembre
précédent & attendu la preuve résultante de l'Information faite
à sa Requête il fût fait défenses à Montmarquet & à sa femme,
ci-après nommés & à tous Déchargeurs de Vins d'aller au devant
des Voitures de Vins, & de maltraiter & injurier le Demandeur,
à peine de punition corporelle ; & pour l'avoir fait par les ci-
après nommés, qu'ils fussent condamnés aux dommages & intérêts du Demandeur & autres fins y contenues, avec amende
& dépens ; Demandeurs aux fins de la Requête verbale du 3 Mai
1752, tendant aux fins y contenues, avec dépens ; & encore Demandeur aux fins de la Requête verbale du 26 du meme mois
tendant à fin de nullité du Procès verbal d'Enquête & des
Enquêtes des ci-après nommés, avec dépens : concluant,
suivant ses Ecritures des 2, 17, 20, & 30 Juin audit an,
Défendeur aux Requête verbale du trois Mai & Ecritures
des 15 & 29 dudit mois de Juin, & encore ledit Me
Regnard, Procureur des Maîtres & Gardes du Corps des Marchands de Vins, intervenans, Demandeurs suivant leur Requête
verbale du 4 dudit mois de Mai ; Contre Me Bouard Procureur
du nommé Montmarquet & sa femme, se qualifiant Déchargeurs de Vins, Défendeurs & Demandeurs, Ouy ledit Me Regnard
audit nom, ensemble noble homme Monsieur Me Moreau
Procureur, Avocat du Roi, en ses Conclusions, Nous avons
donné défaut contre les Parties de Bouard, qui n'ont pro-
duit leurs piéces en nos mains ; & pour le profit, recevons
les Maîtres & Gardes du Corps de la Marchandise de Vins,
Parties intervenantes, faisant droit sur leur intervention &
sur les demandes de Jean Longuet, ayant égard aux preuves
résultantes de l'information convertie en Enquête, & de la
continuation d'Enquête faite à la requête dudit Longuet à
l'encontre des Parties de Bouard : Faisons défense à la femme
Montmarquet, une des Parties de Bouard, de plus à l'avenir in-

jurier, méfaire, ni médire contre les Parties de Regnard; tenue de les reconnoître pour gens d'honneur & de probité, non tachés des injures contre eux proférées, & de leur en donner Acte au Greffe, sinon disons que notre présente Sentence le vaudra; & pour les insultes commises par la femme Montmarquet, la condamnons solidairement avec ledit Montmarquet son mari, comme garant des faits de sa femme, en 100 livres de dommages & intérêts envers les Parties de Regnard en 10 livres d'amende : Ordonnons que les Arrêts & Réglemens des 17 Août 1672 & 2 Juin 1673, l'Article 4 du Titre 5 de l'Ordonnance des Aydes du mois de Juin 1680, & notre Sentence du 20 Décembre 1709, seront exécutés selon leur forme & teneur; en conséquence, faisons défenses aux Parties de Bouard, & à tous particuliers & particulieres, se disant Déchargeurs de Vins, de s'attrouper aux Barrieres de cette Ville, d'aller au devant des Vins, & de percer les tonneaux, sous les peines portées par les Réglemens; pour la contravention commise à cet égard par la femme Montmarquet, la condamnons solidairement avec son mari, en 20 livres d'amende, applicable aux pauvres Marchands dudit Corps; disons que notre présente Sentence sera lue, publiée & affichée par-tout où besoin sera, & notamment aux Portes & Barrieres de cette Ville, & dans la Banlieue d'icelle, aux frais des Parties de Bouard, que nous condamnons solidairement aux dépens; ce qui sera exécuté nonobstant & sans préjudice de l'appel. En témoin de ce nous avons fait sceller ces présentes, faites & données par Mre NICOLAS-RENÉ BERRYER Chevalier, Conseiller d'Etat, Lieutenant Général de Police audit Châtelet, tenant le siége le 3 Mai 1754. Collationé. Signé LE GRAS. Signé LA FONTAINE. Scellé le 8 Mai 1754. Signé SAUVAGE. Controllé le 11 Mai 1754. Signé HERAN. Et signifié & baillé copie à Me BOUARD, Procureur, à domicile, le 11 Mai 1754. Signé DESMARETS.

A TOUS CEUX QUI CES PRESENTES LETTRES VERRONT, GUILLAUME-FRANÇOIS-LOUIS JOLY DE FLEURY Chevalier, Conseiller ordinaire du Roi en son Conseil d'Etat, son Procureur Général, Garde de la Prévôté & Vicomté de Paris, le siége vacant, SALUT : Sçavoir faisons que sur la Requête faite en Jugement devant nous à l'Audience de la Chambre de Police du Châtelet de Paris par Me Regnard, Procureur du sieur Jean Longuet, Marchand de Vins à Paris & des Srs Maîtres & Gardes en Charge du Corps des Marchands de Vins, Demandeurs au principal, en exécution de notre Sentence du 3 Mai présent mois, rendue sur l'avis des Gens du Roi & sur le renvoi prononcé devant eux par notre Sentence du 1er Septembre 1752, Défendeurs à l'opposition formée à icelle par Requête verbale du 20 du présent mois; concluant, suivant leurs fins de non recevoir du 21, Défendeurs aux exceptions du 22; Contre Me Richer, Procureur substituant Me Bouard, Procureur du nommé Montmarquet & sa femme, se qualifiant Déchargeurs de Vins, Défendeurs au principal & Opposans à l'exécution de notre Sentence susdatée suivant la Requête verbale, aussi susdatée: PARTIES OUYES, nous avons les Parties de Bouard déclarées non recevables en leur opposition à notre Sentence dudit jour 3 de ce mois, & en leurs exceptions du 22; en conséquence, disons que notredite Sentence sera exécutée selon sa forme & teneur: Condamnons lesdites Parties de Bouard, aux dépens; ce qui sera exécuté nonobstant & sans préjudice de l'appel. En témoin de ce nous avons fait celler ces présentes faites & données par Mre NICOLAS-RENÉ BERRYER Chevalier, Conseiller d'Etat, Lieutenant Général de Police audit Châtelet, tenant le siége le 24 Mai 1754. Collationné. Signé LA FONTAINE. Scellée le 29 Mai 1754. R. 30 sols. Signé SAUVAGE. Et signifié à Me Bouard, Procureur, à domicile, le 30 Mai 1754. Signé DESMARETS.

Et le cinq Juillet audit an 1754, à la Requête desdits sieurs Maîtres & Gardes du Corps des Marchands de Vins & dudit sieur Longuet, Marchand de Vins, qui ont élu leur domicile au Bureau du Corps des Marchands de Vins, rue de la Poterie, lesdites Sentences des 3 & 24 Mai dernier ont été signifiées, & d'icelles donné & laissé copie audit Montmarquet & à sa femme en leur domicile, Fauxbourg Saint Jacques, parlant à leurs personnes, à ce qu'ils n'en ignorent, avec commandement de payer la somme de 120 livres pour dommages-intérêts & amende prononcés par la premiere desdites Sentences, sans préjudice des frais & dépens, & autres condamnations portées par lefdites Sentences, avec fomm.-tion de s'y conformer, fuivant qu'il eſt plus au long porté audit commandement. Signé GIROULT. Et controllé. Signé PITHON.

Les Sentences ci-deſſus ont été lues, publiées à haute & intelli-gible voix, à fon de trompe & cri public en tous les lieux ordinaires & accoutumés, & en outre, aux Portes & Barrieres de la Ville & Fauxbourgs de Paris, par moi Henri Devalois, Juré Crieur ordinaire du Roi, de la Ville, Prévôté & Vicomté de Paris, Huiſſier à Cheval au Châtelet de Paris, demeurant rue & Place de la haute Vannerie, Paroiſſe S. Gervais, ſouſſigné, accompagné de Louis-François Ambe-zard, Jacques Hallot, & Claude Ambezard, Jurés Trompettes, le fix Juillet 1754, à ce que perſonne n'en prétende cauſe d'ignorance, & affichées le même jour & eſdits lieux. Signé DEVALOIS.

DE L'IMPRIMERIE DE VINCENT.

TABLE DES TITRES

DU CORPS DES MARCHANDS DE VINS
de la Ville & Fauxbourgs de Paris, contenus
en ce Recueil.

Q